建置

邑人劉敕撰

自古初度區宇規廸法天容民蓄衆神人共寄凡以宣德布公而懋宅中之績焉美茲歷下據山水之勝城市居於其間上自

德府下至公署以逮郵舍帑庾園院橋梁亭榭樓臺陵墓之類若碁布然種種乎備矣獨是邇來帑匱於兵民窘於賦其圮廢之象不可觀矣有百里之責者其急圖焉

城池

國家崇墉深塹非第域民所以禦變也歷之城高數仞繚之以磚基固矣且流水淙淙周於城下誠可戰可守之地猝焉有警皆思背鄉而走秖以家無積貯難支戎馬之圍人有離心時切風鶴之潰昔秦長城萬里曾不二世而亡則有形之險固不足恃也長民者誠思所以足民而以厚生正德爲念則人心自有固於金湯者矣

歷下城建自漢歷晉永嘉間移平陵城於此而城始大至

國朝洪武四年始內外甃以磚石週圍十二里四十八丈高三丈二尺濶五丈門四東曰齊川西曰濼源南曰歷山北曰會波成化四年僉事張珩重脩十九年御史宋經重脩萬曆二十年巡撫宋公應昌重脩皆有記天啓五年巡撫呂公純如重脩崇禎七年巡撫朱公大典重脩

城樓十一座

鋪舍五十五座

敵臺一十三座宋公應昌創建

垜口三千三百五十個

旗臺五十五座

四門官廳各二座

惠民藥局各二座

炮樓各四座

藩封

先王瓜分土地以樹藩屏自秦罷侯置守古制蕩如漢白茅青社至釀重禍則礪山帶河不若更代迭謝者無虞也歷下雖有

得參撣于其中一切有司治之彼不過富貴之而

巳體貌尊隆不與他藩同固其分也近則中璫多

與外事於歷代之賢名不無少損矣

周封譚子於歷

漢封齊王庶子爲平陵王

宋封皇子竑爲濟王

元封張榮爲濟南公

國朝封盛鏞爲歷城侯

封莊王於歷稱

德府乃

英廟之子

睿廟之庶兄成化二年之國崇儒重道憂國愛民好

詩賦工丹青孔子杏壇像并讚皆出其手毫又

與外事故稱賢

懿王　莊王子

懷王　懿王子

恭王　懷王子

定王　恭王子

端王　定王子遵訓守禮謙恭孝義著訓後七十

二事撫按交章薦之

上命建坊以褒奬之

郡王

泰安　寧海　紀城　臨朐　嘉祥　清平

寧陽　各一　將軍七

王府官屬

長史左右二　審理　紀善　典寶　典膳

典簿　奉祀　良醫　工正　典儀　儀衛

羣牧凡八　廣受倉　廣受庫

郡王府官屬

教授　典膳　典杖　凡三

公署

歴居六郡之中自

國家稽古建官因官建置署所以壯威儀昭品式也

德藩外督撫以至簿尉莫不有署辨其崇卑嚴其

署宇莫不秩之翼之各如厥制詎徒表巍高而宣

泮渙哉實以勤職業而作靖共欽司慎令瞻風肅

之在公其懋厥職哉

德王府　濟南府治西成化二年建

泰安王府　西門内

寧海王府　南門内

臨朐王府　西門内

紀城王府　縣庠西

嘉祥王府　府館街

清平王府　府館街

寧陽王府　南門内

長史司　審理所　儀衛司　羣牧所

紀善所　典寶所　典膳所　典簿廳

典儀所　奉祀所　工正所　良醫所

俱在德府前

督撫軍門　城之西南隅成化元年建正德二年

重脩萬曆年改今名

巡按察院　歷山頂洪武三十年建嘉靖間御史

王應鵬重脩

清軍察院　縣治北成化十二年建

巡鹽察院　淸軍察院東嘉靖三年建萬曆間重
脩崇禎五年重脩
布政司　西門内洪武九年自青州移于此天順
四年重脩學士彭時記
經歷司　照磨所　理問所　都事廳
司獄司　廣儲庫　各一
糧儲道　大門内東
東兗道　糧儲道東
海右道　東兗道東
濟南道　貢院前時駐泰安
按察司　城之東南隅洪武九年自青州移於此
經歷司　照磨所　知事廳　司獄司
各一
驛傳道　司之南
提學道　舊在縣之南張江陵時改湖上乃湖南
書院也
濟南兵巡道　司之西
都司　德府之西成化二年建

經歷司　斷事司　各一
分司　舊提學道
鹽運司　府之東洪武元年建
濱樂分司　膠萊分司　俱司内
經歷司　知事廳　各一
濟南府　居城之中舊治改爲按察司洪武初知
府崔亮創建危素記見文苑
清軍廳　糧儲廳　馬政廳　理刑廳
經歷司　照磨所　司獄司　各一

俱府内
稅課司　織染局　俱裁
廣儲倉　城東南隅
廣豐倉　在按察司街
譚城驛　西關北五里鋪屬府轄
遞運所　西關南五里鋪
陰陽學　醫學　僧綱司　道紀司
濟南衛　南門内洪武十九年建
五千戶所　鎮撫司　經歷司　各一

俱衙內
叅將府　府館街
歷城縣　府治北
濟軍衙　管糧衙　巡捕衙　俱縣內
龍山驛　城東七十里
堰頭巡簡司　城北二十里
雒口批驗所　城北十五里
貢院　布政司後洪武初建成化十九年重脩
嘉靖元年重建至公堂大學士劉玥記

總局　縣庠東
武場　南門外御史熊相記楊撫臺俊民創建
軍令
武成王廟　武學廳　演武廳　中軍臺
旗臺　武場坊　皷廟　南兵營
里社
居相附曰里人相盟曰社自井田廢而里社名所以示編氓也民按里而居上按籍而考此生齒所以不亂耳歷不言社而言里編之者九十有八相

友相助有同井之雅近朱近墨成薰染之風尼父曰里仁爲美蓋重之也毋名勝毋曾子不入其鄉則擇里而居又存乎其人耳

一坊至四坊共十三里

南保共五里

北保共五里

東關共三里

桃源共三里

堰頭共七里

清河一里

鵲華共九里

仙臺共七里

閔孝共五里

南會清共五里

北會清共四里

南保泉共三里

北保泉共二里

安平共五里

南綺園共三里

北綺園共三里

明賢共十七里

村落

城市之外數家自為一村縣以南皆山村則厓角千峯横翠縣以北皆水村門前流水東西詩云樹點千家小山迴萬嶺低較之城市紅塵擾擾者萬不侔矣余嘗村居樂而忘返獨怪邇來村舍蕭條無復擊壤之樂安得露冕者一巡行也

雒　鎮　城西北二十里商人貿易之處膠萊分司駐焉嘈山高峙大清東流樓船往來亭閣飛甍誠一巨鎮

堰　鎮　城東北十八里居民稠密為北州縣必由之路有巡簡司

龍山鎮　城東七十里設龍山馬驛以通東三府

中　宮　城南五十里南山一帶皆以此處為集場近設神通營鎮守焉

柳　埠　城南九十里歷之南界也

王舍人　城東二十五里有鮑城郎叔牙食邑李于鱗於此築白雪樓今廢

遥牆店　城東北四十里多種綿居民皆習杼機

採石庄　城東四十里產靈石玲瓏可愛園圃中多求之

小村庄　城東十里一名祝店趙司農卜築於此花木菁葱亦屬通衢

雲　庄　城北五里元張養浩休致時所居中有雲錦池雪香林掛月峯待鳳石遂閒堂處士塋至今子孫守其業

王官庄　城西南十八里爲登岱通衢

段　店　城西十八里長清必由之路

西　營　城東南九十里亦有南營皆出棗栗

書院

書院之設所以講學育士也江右鄒公名善者建書院於明湖之上爲號舍若干間置學田若干頃羣英才而教育之名卿碩輔多出於此自江陵柄政而書院毀爲公署後又立書院於趵突泉之右

亡何又爲郵亭矣上不養士而欲收士之用胡可得哉學之不講尼父有憂之司風化者其可忽諸

至道書院　今改爲提學道

閔子書院　元建在閔子墓前今劉勅改爲講孝堂邑人嘗於朔望日同里人講孝於斯有碑記見文苑

歷山書院　萬曆間巡鹽畢懋康建今爲郵亭

白鶴書院　城北三里邑人周居岐建今廢

驛舖

驛以通往來之便而舖則行者必憩焉且兼有傳命之役奈輶軒一出覺車馬之皆空候亭多頹常風雨之不蔽過客與驛遞交苦矣歷有二驛應之者如蹈湯火近雖稍蘇然法久則弊旋且供億如昨矣時時調停之惟良有司是望

譚城驛　府轄而應役皆出於歷今派在闔屬驛稍蘇

龍山驛　縣屬　驛丞　馬三十六匹　驢六頭車夫五十名

總鋪　鼓樓下司兵二十名今盡頹且占為民

房

七里鋪　城東司兵五名

八澗鋪　城東司兵五名

王舍店　城東司兵五名

韓倉鋪　城東司兵五名

郭店鋪　城東司兵五名

十里鋪　城東司兵五名

龍山鋪　城東司兵五名

平陵鋪　城東司兵五名

五里鋪　城西司兵七名

段店鋪　城西司兵五名

筐山鋪　城西司兵五名

九里山　城東司兵四名

堰鎮鋪　城東北司兵四名

張侍鋪　城東北司兵四名

裴庄鋪　城東北司兵四名

黃崗鋪　城西北司兵五名

壇壝

人稟造物之生成設壇壝以薦馨香所以祈鴻庥荅玄貺也故天子祭天地其山川后土以迨崗陵藪澤林泉寘窔之區莫不崇祀今儀文雖具亦俎豆之徒陳祝告空勤且楮帛之未備欲冀神之格得乎姑就厲壇言之舊郡大夫主之今且下移矣尼父所謂吾不欲觀者以此

社稷壇

山川壇　德府前

郡厲壇　城東北一里圮廢

五龍壇　西門外有龍潭禱雨多應兵憲張公鶴鳴重脩內有祠以祀之

坊表

卓楔之設所以樹名也或以題祠宇或以表科第或以旌節孝或以表恩榮坊之興廢名之存歿關焉今之廢者什九過其處不辨其名脩者無一睹其基可知其人子爲之後者席祖父之蔭顧任其圮壞而不修則其賢不肖可知已

海岱文樞　府學
泮　官　縣學
世守齊邦　德府
文武爲憲　軍門
肅寮貞度　按院
肅寮敭揚　北察院
海岱雄藩　布政司
弼教貞度　按察司
齊魯專閫　都司

齊魯文衡　提學道
東藩首郡　濟南府
觀光論秀　貢院
湖山嘉境　水面亭
碧霞駐節　泰山宮
重華協帝　舜祠
霖濟蒼生　五龍宮
蓬萊舊蹟　呂仙閣
高山仰止　朱公祠

縉紳坊

黄堂宣化　薛理

元老世臣　尹旻

兩京總憲　張鵬

金榜題名　張善

進　士　陳讓

黄門給事　張貞弼

海內文宗　李攀龍

五馬三鳳　周導

青雲接武　賈唆

方　岳　祝壽

進　士　徐暹

都　憲　黄臣

進　士　劉天民

亞　元　崔森

世　科　劉緒

青山心遠　陳明

進　士　劉汝楫

父子禮元　殷　衢
海岱精華　脊繼宗
太　史　范　瑟
翰林吉士　趙繼本
御翰褒封　趙士能
濟　美　金　城
父子進士　張　嵐
解　元　徐承祖
豸　史　江　濬

黄閣調元　殷士儋
世恩坊　潘　相
雙壽四封　周六學
崇恩誥贈　王　銳
上黨分藩　韓應元
登　瀛　孟　醇
同　卿　于　鯨
西秦方岳　董元學
宮保太宰　楊　巍

登　科　張　鑾

熙朝碩輔　朱延禧

三齊文獻　劉　勅

五馬大夫　劉　檄

造士坊　歷科貢士

御翰旌貞　方復初妻

百歲坊　李希周

祠宇

祠宇之設所以儼袷式於羹墻者也故鬼神聖賢

以及忠臣義士名宦鄉賢莫不有祠報德酬功宜享犧牲之薦盜名欺世實爲俎豆之羞歷有四帝正神也弗祀閔子逢丑父大賢也弗祀有祀神之責者其留諸

虞帝祠　南門內天順間重脩學士薛瑄記崇禎四年遭回祿殿宇盡焚獨像無恙朱撫臺王按臺諸脩

啓聖祠　學宮

文昌祠　學宮

閔子祠　縣治北宋蘇轍記後知縣張鶴鳴重脩
又廢邑人劉勅重脩
崇正祠　華不注山下舊爲華陽宮嘉靖十一年
巡撫袁宗儒改爲崇正祠提學陸釴記祀逢丑
父閔子騫兩廡祀鐵鉉等二十二人黄福等十
九人今廢仍爲華陽宮祀四季之神後萬曆七
年巡撫趙公重脩祭缺
名宦祠
鄉賢祠　俱在學宫

七忠祠　西門内祀建文死難之臣鐵鉉陳廸胡
子昭丁志方高巍王省鄭華萬曆間重脩提學
周應治贊提學陳瑛記有司致祭
薛王二公祠　水面亭前祀提學薛瑄每臨諸生
親爲講解不事夏楚人呼爲薛夫子爲道學之
倡後陞禮部侍郎諡文清一祀王守仁弘治甲
子科主考山東一時稱爲得人後平宸濠有功
封新建伯諡文成有司致祭
許公祠　學道西祀尚書許逵先爲樂陵令時劉

六兵起公樂之有功擢武定兵備尋轉江西右
副宸濠叛公不屈死之贈禮部尚書謚忠節其
後裔爲齊河尹重脩

忠襄王祠　府治東南隅祀元尚書封王爵謚忠
襄張榮今廢

文忠公祠　布政司街七聘堂故處祀元御史中
丞張養浩按浩章丘人徙家歷城爲崇邑令毁
淫祠息盜賊拜御史疏時政萬餘言累官尚書
乞歸養屢召不起及關中旱民饑就召起中丞
涖禱華山即雨禾黍盡生竭力賑救遂疾不起

卒封濱國公謚文忠所著三事忠告歸田類稿
御史箴諸書有司致祭

遺愛祠　運司西祀運使茸一[illegible]

偲令祠　縣治東祀知縣張鶴鳴有善政[redacted]官不
廢題豚人稱爲偲令後累官大司馬

朱司馬祠　大明湖上祀巡撫朱公大典平東有
功擢兵部侍郎士民立祠祀之雅麗輝煌大爲
湖中生色

黃司馬祠　西門外即濼源堂處祀兵部尚書黃克纘在鎮十三年地方安靜祀之同祀者有巡撫李同芳李長庚

趙司馬祠　西關祀尚書中丞趙彥以平妖蓮有功

王司馬祠　迎仙橋內祀巡撫王在晉

曹方伯祠　譚城驛西祀布政曹爾楨值妖蓮大亂軍餉難措公隨取隨給崗山敗陣亡家屬無不存恤傷者問之亡者祭之軍士感激後陞戸部尚書

李郡侯祠　驛東祀知府李天經

吳邑侯祠　驛西祀知縣吳阿衡以天啓二年來歷下值魯妖反士民驚惶公調鄉兵十三萬身親行伍賊鬨不敢入境士民懷德祀之

李義士祠　東嶽內祀李端以家貲脩東嶽廟且素行端方乃李于鱗之父也

張公祠　西關舊于王寺內祀右都御史張鵬縣尹呂黃鍾重建有司致祭

園院

養濟院以恤孤貧也漏澤園以澤枯骨也今之院猶存而片茨不能支雨園無主白骨盡爲見天朝廷設立之義謂何而令至此也欲起溝瘠而肉枯骨安得有西伯其人而爲之恤貧掩骼乎

養濟院　正統十三年邑人尹旻建

冬生院　巡撫呂公純如建活赳貧兒甚多今廢

漏澤園　城東西處皆爲人取土之場

宮室

自茅茨土階之世遠而棟宇興聽政之所則曰堂曰廳矣以眺遠則有樓有閣以棲止則有館有齋以遊玩則有亭榭美輪美奐矜甲第之連雲肯堂肯構喜燕雀之來賀嗚呼滄桑代變轉眄成墟生鐵之樞祇令鬼笑耳高士傳云數椽以支風雨何必峻宇雕牆哉有識者鑒之

堂

正己堂　撫院

紫薇堂　布政司

氷玉堂　按察司
經濟堂　都司
敬事堂　府治
來鶴堂　府治後知府蔡昂記
敎愛堂　縣治
明倫堂　府縣學
閱武堂　南門外有曾肇記
至公堂　貢院
讀書堂　縣庠宋蘇軾書自王舍店移之學中

聞過堂　府治寅賓館
虛白堂　縣治寅賓館
正氣堂　七忠祠
精一堂　歷山書院
講孝堂　閔子墓舊稱閔子書院邑人劉勑重脩
　朔望令人講孝於斯
君子堂　水面亭
叢桂堂　趙蘭渚司農小淇閣中都御史王見賓
題

廳

仁風廳

芍藥廳　俱在府治宋曾鞏詩

射圃廳　學宮古者觀射于澤宮此禮不行並其地亦没矣有識者其存之巡撫陳鳳梧記惜碑殘不能録其文

館

聞韶館　鐘樓下

鮫人館　五龍潭知縣張鶴鳴建

陽春館　東關劉勅讀書處

芙蓉館　芙蓉泉側

閣

崇制閣　府學

尊經閣　縣學天啓二年知縣吳阿衡建其碑尚仆而未立也

淵澄閣　德府

虛明閣　提學道內

呂仙閣　趵突泉上運使張光奎知縣呂黄鍾建

文昌閣　大佛山前方伯徐元氣建今廢
白鷗閣　北門内邑人劉勅永雲居内故有白鷗
閣集
樓
白雲樓　德府元張養浩賦見文苑
鐘　樓　提學道後舊爲鐘樓寺成化十三年建
嚴更樓　布政司門東有銅壺滴漏
存公樓　都察院内巡撫劉節建
明遠樓　貢院

奎　樓　縣學傍知縣陳釆建建後連出大魁
觀風樓　軍門前城頭
迎仙樓　西關臨郊處
超然樓　水面亭樓頭一望十里湖光盡在目中
真一大觀也
白雪樓　城東王舍店李于鱗作此部時讀書處
後撫臺李戴直指毛在建樓于趵突泉以存名
云
瞻泰樓　布政司街東許殿卿建與李于鱗

於斯今易其主

齋

凝香齋　布政司宋曾華詩

墨香齋　水雲居內

亭

彰善亭

癉惡亭　俱在按察司衙嘉靖五年建今止存其
名不復聞彰癉之政矣

勸農亭　四郊俱有巡撫呂純如建深得省農之

法今俱廢

敬一亭　縣庠知縣吳阿衡改爲尊經閣

迎恩亭　城西五里舖

中覲亭

中矩亭　俱在府學前知府樊時英建今廢其

飛躍亭　府學天啓六年知府樊時英建今廢

後樂亭　布政司布政楊守禮建參政陳沂

文苑

霖雨亭　五龍壇巡撫黃克纘建

水面亭　提學道傍元學士李泂建虞集記題咏
甚富
碧瀾亭　超然樓前
對華亭　千佛山上與華不注相對故名
觀瀾亭　趵突泉天順五年巡撫胡纘宗建
漱玉亭　趵突泉知縣責養性改題爲溪亭詩人
鯉于池殊爲勝觀
歷下亭　大明湖題咏見文苑今廢
嶕山亭　嶕山湖上宋曾鞏詩灤水飛綃來野岸

嶕山浮黛入晴天
北渚亭　大明湖內曾鞏詩晁補之賦見文苑
一竿亭　大明湖內
水香亭　大明湖內曾鞏詩見文苑
環碧亭　歷下亭傍曾鞏詩見文苑
翠陰亭　城北十里雲莊元張養浩建
台石亭　府治內嘉靖十年知府楊撫[illegible]
故建此亭今廢
尹公亭　北門內尹旻建今廢

白雲亭

濯纓亭　俱在德府

問水亭　小淇園內

浮網亭　水雲居內邢侗題

烟雨亭　唶華橋西今屬孫純孝孝廉

榭

凌風榭　三瑞園內

園

小淇園　大明湖中趙司農建

三瑞園　東關邑人劉勑建

橋梁

世有輿梁之役而後民不病涉又必疏鑿之法而後人藉爲利歷山城也險阻莫不有橋而大清一水又有舟師倚艤待之至于閘則蓄洩之處水利所關蔬稻之家往往相競故設閘夫以司蓄洩若壞者脩之缺者置之俾灌園藝圃永有攸賴則惟賢有司是望也

橋

峼華橋　縣治西北大明湖上橋之側有元書大明湖石刻今壘入民家

百花橋　德府後環湖有七橋曰芙蓉曰水西曰湖西曰北池其三失名宋曾鞏詩云從此七橋風與月夢魂常到木蘭舟各橋俱廢而此橋猶存

會波橋　北門內憑橋一望萬項湖光收入目中

興文橋　海岱文樞坊前

昇仙橋　城内西北隅

宗家橋　會波街

濼源橋　西門宋時建蘇轍記

廣會橋　跨趵突泉下流

迎恩橋　迎仙樓下正德十五年建

旱石橋　西關跨錦纏溝嘉靖元年重修

華陽宮橋　崇禎七年巡撫朱公建大有濟云

新　橋　水月庵前不足以跨水北流徒令行者不便耳

來鶴橋　趵突泉白雪樓前樊郡守建

黃崗橋　城西五里嘉靖十二年巡撫袁宗儒建

洪濟橋　齊川門外

柳陰橋　城東一里昔有鸞神報一舉子云柳陰
橋上定分明揭曉日舉子行至橋上始有人報
果中始知此爲柳陰橋

閘

響閘　東城河近中貫爲水磨以分其流大損
風氣

壇閘　東北城河上北往華山河道

府閘　城北

衛閘　西北城河上水甚險常溺人

廣濟閘　城北二里教授彭徵記

廣慧閘　城北二里天順四年建教諭傅鴻記

永清閘　城北

利田閘　城北四里

五柳閘　城北八里雲莊後

呼雷閘　華不注北

柳林閘　華不注後

逯家店閘　城東北十二里

蔡家閘　城東二十里

老僧口閘　城東北七十五里

陵墓

邑有陵墓皆先賢往哲瘞玉之所也世動仰止之思者皆憑而吊焉歷之古塚亦多今衰草凄迷半爲狐鼠之穴松楸已剪盡作樵收之場使古人身與名而俱盡誰之責也昔人有見枯骨而嘆者曰爾已死者我其勿斬一坯土以慰千古之魂于地下

陵

太甲陵　中宮東南盖中宮即其神道也

康王陵　中宮東南其陵在山之絶頂不知何代之王也

平陵　漢封齊王庶子爲平陵王葬于此然數塚如山未知孰是

高唐王陵　城東南鴈翅山

歷城王陵　城西北紫荆山西二王俱　本朝絶

陵有司致祭

清平王陵　紫荆山傍

永年王陵　紫荆山傍

安陵王陵　城南路家庄

知城王陵　城東南泉爐庄

寧海王陵　城南門牙庄

濟寧王陵　標山下

棠邑王陵　標山下

利津王陵　紫荆山下

墓

鮑叔牙墓　鮑山東

閔子騫墓　城東三里舊有閔子書院邑人劉勅重脩立講孝堂朔望講孝於斯有碑記見文苑

酈食其墓　大縣寨之左齊王烹酈生處葬於此

班超墓　城西南三十里

吳子蘭墓　城南完備山漢將軍

夏侯勝墓　城東古平陵城

朱雲墓　古平陵城

魏花墓 城西魏花庄宋指揮

段直墓 城東何二庄元臣

郭太師墓 城東老僧口有元太師郭公墓碑

張榮墓 城東張林丘榮爲濟南公封王諡忠襄元臣

張養浩墓 城北五柳閘南有雲莊至今子孫世守養浩爲元御史中丞封濱國公諡文忠其出處見祠宇

衛青墓 藥山下正統十年護衛 京師逐殺夷兵以功封宣城伯

秦琰墓 四里山下刑部侍郎

尹旻墓 八里山下吏部尚書諡恭簡

王允墓 城西五里布政旌表孝行

張鵬墓 城西五里都御史見名臣

劉瓛墓 城西十里都御史見名臣

王勅墓 城西南龍窩山之陰國子監祭酒見名臣

邊貢墓 萊家庄之後戸部尚書詩人

李攀龍墓　黃崗下柳溝按察使有詩名縣尹應
陞重脩
趙世卿墓　荆山前戸部尚書當朝直臣
周經墓　蓮花峪戸部侍郎
美娥墓　城西五里舖有縣令張鶴鳴記
糧塚　城東梁家庄世傳檀道濟軍至歷城
乏食乃唱籌量砂而以餘米覆其上今数塚如
故

寺觀

寺觀棲神之宇也鬼神之爲德視不見聽不聞顧
乃肖其象而禮之何也西方大士能超慾海之沉
淪天際眞人堪渡塵寰之墮落或英烈之魂不散
或善惡之業難逃於是祈福禳災不惜黃金之布
施焚香洗鉢頓使寶象之淩空珠宮梵宇遂滿天
下矣敬鬼神而遠之未可槩以淫祠毀也

寺

正覺寺　南門外成化十三年重建崇禎四年大
火而正殿獨存倘亦佛力云

華林寺　正覺寺西唐貞觀元年建與正覺寺同
日災而正殿同存亦占佛力
太平寺　西門内孝感泉北滙為池亦潺湲有聲
唐貞觀建
興國寺　千佛山上唐貞觀建石崖皆刻佛像遊
人登眺於此則齊城景物宛在目中多遊眾且
與華山相對故一亭名曰對華
開元寺　大佛山後宋建炎三年重修今圮廢
圓通寺　城西南一里唐貞觀建

水月寺　北門内晉天福間建
淨居寺　東門外里許有記見文苑
安閑寺　譚城驛東北
月陽寺　黄臺山上
栢山寺　城南二十餘里唐貞觀建
回龍寺　在王舍店唐太宗征高麗時建
雲臺寺　一名天井城東南四十里依澗築臺依
臺築寺下有甘泉石閣重重盖盛夏而無炎暑
者也

洪福寺　城南五十里中宮東唐貞觀建
朝陽寺　城東南六十里宋大中祥符初建
清寧寺　城東北五十里
南泉寺　中宮東南元至元重修許邦才記
神通寺　柳埠元邢天佑記
九塔寺　柳埠東唐大曆重修許邦才記

院

崇佛院　千佛山下崇宮廣宇勝壓南郊每當令
節士女如雲俗名下院
黃桑院　龍山東北一方巨剎

觀

岱嶽觀　南門外九月朔日辦香而至者雲集
長春觀　西門外丘處機潛修處平地一洞蜿蜒
數里今沒入民舍闕在邦記
白雲觀　在韓村元至元重修
太微觀　一名柳泉觀中宮東
林泉觀　一名弔枝庵太微觀正北
丹陽觀　一名大庵馬沖和修真處至元九年建

官

迎祥宮　虞帝祠東元張起巖記

凝碧宮　西門外五龍潭流水環繞清徹可愛

浄山宮　教場東北

玉皇宮　凝碧宮東

三元宮　一在旱石橋内一在柴家巷

華陽宮　華山前四帝所居殿宇軒敞小清河經過其下

廟

東嶽廟　南門外宋元皆封神以帝號至洪武九年詔去封號止稱爲東嶽泰山之神

城隍廟　縣治東知府樊公時英重修朔望有司行香於此

火神廟　南門外圯壞莫修崇禎四年十二月大火三日士民焚禱如市　德藩重修廟貌改觀

北極廟　北門内迤西臺上建廟下瞰明湖如画此乃湖中大觀

關帝廟　德府後

晏公廟　北門內廟建臺上水田下行令券寒不復睹會波晚照矣

張仙廟　北門內

藥王廟　趵突泉傍布政孫承榮建邑人劉勅記

玄壇廟　南門外懸崖下一泉清徹可鑑眉鬚涯爲太極泓流入城濠亦一勝地

星宿廟　南門外

八蜡廟　淨居寺傍縣令張鶴鳴建邑人劉勅記

曾鞏廟　千佛山半崖知齊州事到處有題詠多善政民懷其德故作廟

郭巨廟　東漢河內人也有孝行祀於歷城西南里許有廟詞曰天經地義徹聖通神重華曾閔萊子樂春將多美迹世有芳塵東漢逸士河內貞人分財雙季獨養一親客舍囪殫兒埋福臻穹窿感異磅礴貽珍懸車遽落夜臺弗晨千齡俄古萬祀猶新朱黲紫盖撫俗調民高止建節景慕紫頻式憑不朽永播衣巾巳亡其姓氏故

附錄於此以爲歷人勸

論曰王者畫郊圻以域民樹后王君公承以大夫師長宮殿參差巍乎輪奐之相望樓臺錯列煥然金碧之交輝歷洵一望邑也邇來國用繁雜公幣告匱一切頹壞弗修即士民之家有亭榭自娛者亦荒凉自廢而祠宇陵墓之無主者益可知已昔人至候館而知國政之盛衰感時撫事不能不悽然于玆

高舉　字廷選河南魯山縣人貢士

盛璥

鄧鏞

石經　字大綸陝西澄城縣人貢士

劉瑞

正德

蔡宇　字天洪河南祥符縣人貢士

石宗泰　直隸清源縣人進士

梁敏政　字人道直隸房山縣人進士

吳廷瓚　欽天監籍舉人

余翺　字大振直隸定遠縣人進士

池龍　字文化涿鹿左衛人進士

吳琦　字汝[illegible]山西潞州人進士

畢世隆　字道亨山西和順縣人舉人

嘉靖

張偉　南京府軍左衛人舉人

朱鵬鵬　字騰霄廣西陽朔縣人進士

高大經　字以仁直隸任丘縣人進士

縣職

國家官如棊布獨縣令與民最親故民稱爲父母太上愛民如子次之爲民興除再其次則奉職無害舍此三者皆民賊也前此宰歷下者遠不可考自正統而後僅記其名自萬曆而下頗詳其事大都皆賢知輩而卓然足稱者指不數屈故高才異等者爲一小傳餘存而不論以示厚道云

正統

何瑾瑾　字子敬山西岢嵐州人舉人

沈瑪瑪

何英

成化

賈宣　字文著河南封丘縣人貢士

武文

蘇學

游寛

詹鵬

弘治

張鶴　字雲卿燕山右衛人舉人
謝鎰　字萬卿直隷祁門縣人進士
朱徵　字晉卿河南唐縣人進士
張淑勵　字自勉山西盂縣人進士
李應時　字際可山西平定州人進士
王希堯　字汝仁陜西安化縣人進士
李從宜　字宗賢直隷長垣縣人進士
李齊芳　直隷成安縣人進士
賈仁元　字子善山西萬泉縣人進士

單應元　字德芳山西大同守禦千戸所人進士

隆慶

黨以誠　字立夫直隷定興縣人進士
王炳衡　字欽父直隷長洲縣人進士調用

萬曆

賀一孝　字子順河南魯山縣人進士陞兵部主
事
靳紹謙　字受之直隷安平縣人進士調用
杜檫　字惟公直隷永年縣人進士行取南科

給事中官至武德道副使

楊繼先　直隸定興縣人進士守制回官至憲副

至知府

彭應捷　字讓甫河南光山縣人進士陞主事官

至御史以忠諫能

冀體　字肖甫河南武安縣人進士有敏才官

南京兵部主事能詩有善政官至兵部尚書去

張鶴鳴　字元平河南潁川衛籍潁州人進士陞

後民懷德建僊令祠

陳采　字冲然直隸清苑縣人進士陞吏部主

事官至參政有實政祀名宦

陳陛　字抑吾河南夏邑縣人進士有治才篤

好斯文重刻滄溟集修其墓陞戶部主事官至

邊郎

黃袞　字補之河南光州人進士陞戶部主事

官至憲副

裴鉉　字禹和太原衛人進士有敏才剖斷如

流陞戶部主事官至邊郎

張翼明　字滄嶙河南蕭縣人進士長於詞翰陞
禮部主事官至大同巡撫
黎國璁　河南睢州人進士有執持不理於士口
陞刑部主事官至憲副
天啓
吳阿衡　字隆徵河南裕州人進士法嚴遇士獨
厚值魯妖之變城守有功士民懷德爲祠祀之
行取御史奴酋犯都門爲監軍大有功績
郭捍城　字四維直隸平鄉縣人進士陞兵部主
事卒於關門

呂黄鍾　字初陽山西澤州人進士約已惠民大
有清操行取戸科給事中多所建白去後立碑
思之
崇禎
郭永泰　字大來順天大興縣人進士由淄川調
歷賊時中璫爲虐能力制之孔賊之亂城守亦
費拮据歷無志輒首事陞戸部主事
貴養性　字履吾河南胙城縣人進士大有幹濟

百計興除人有八面玲瓏之頌當孔賊之變飛
輓大費拮据叙功紀錄計吏推爲卓異

百計與降人有八百分職之諭當亂賊之變非
號大賞諸將敘功紀錄計定推恩卓異

論曰人呼父母爲其怙恃我也縣令以父母稱則其義可思已顧疾痛置諸膜外膏脂獵之槖中父母謂何清夜以思寧不曠厥官哉秉政之日任其恣意一釋權而怨者詈者磨至此甘棠之頌久寥寥也即有一二粉澤欺人縱盜一時之名難逃百世之議有位者其鑒之

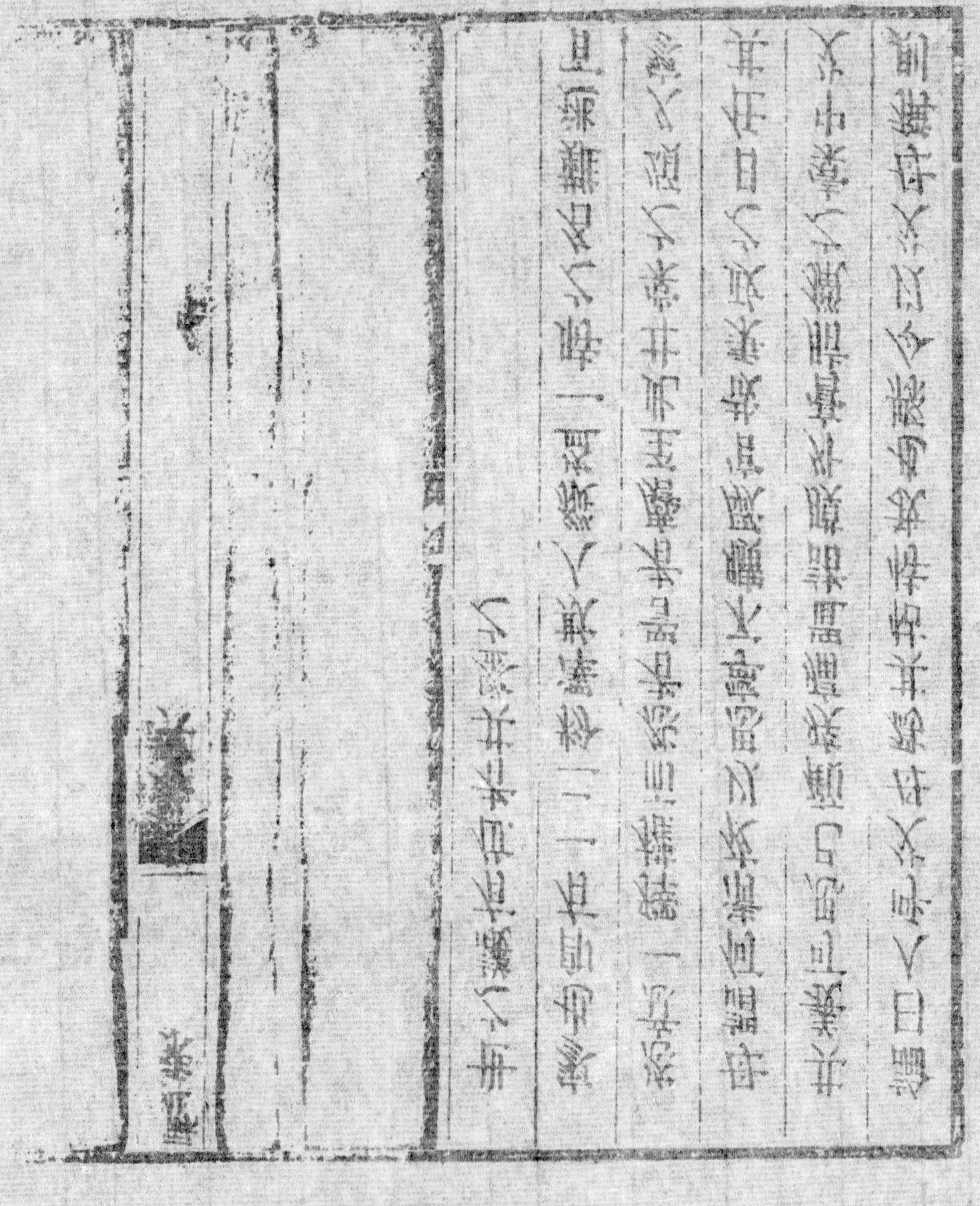

佐貳

縣令百里之長也縣不一事事不一任小大繩聯有指臂之義歷省會地民俗錯踌庶務殷沓一人日不暇給唯是簿尉設焉非盡刀筆起家且五方聚首一堂固有奇緣循名責實自有不瘝而曠者豈可盡以不肖待之使矮屋下人皆肘露而齧耻也其人不能盡載姑就睹記中一二賢者志之

縣丞

劉　哲　棗強人一清不染見有受錢者則極口

詈之後陞關中知縣

陳尚表　關中人大有才幹署商河篆一錢不受後陞四川眉州知州

主簿

郭俊乂　太原人甚廉介濬小清河大有功績陞本省清平縣知縣

典史

俞守仁　浙江人有才幹修閔子墓有功後陞

簿

鍾道賢　浙江人嫺舉業雖作刀筆吏日不廢書

史後陞去行李蕭然無一物

論曰人之慱有一官也起家科甲者固從苦心下

帷中來即簿尉之吏亦不知經幾風波始得結綬

而來人則以奴隷賤之然大受小知各有其品竹

頭木屑亦所當惜茀殃民者有禁可耳豈使賢愚

不肖皆一槩錮之俾不得効一臂之用哉

賦役

邑人劉勅撰

國家布粟力役何者不需於民而曲爲民計者亦曷嘗不斤斤畫之法久弊生遂思爲更張語云利不百不易法工不倍不製器則今日之役法莫有善於條鞭者也第按地而徵又沿戸而派民始不堪命矣豈條鞭之罪哉自古有治人無治法長民者能絜巳以惠民則何法非民便哉

地畆

原額徵糧地八千四百六十八頃四十畆八分一

釐五毫九絲

開除優免王府地一百一十二頃四十九畆四分六釐五忽生員地二百六十七頃五十八畆三分四釐八毫四絲共優免地三百八十頃七畆八分八毫四絲五忽每畆派銀四分二釐三毫七絲九忽三微七纖六沙九渺共派銀一千五百三十四兩七錢三分一釐三毫四絲一忽七微六纖六沙

全徵民地六千八百三十五頃五十一畆六分五

釐四毫四絲五忽每畝派銀五分二釐三毫七
絲九忽三微七纖六沙九渺共派銀三萬四千
四百三十六兩九錢六釐三毫五絲三忽三微
四纖三沙
寄庄地一千二百五十二頃八十一畝三分五釐
三毫每畝派銀六分八釐三毫七絲九忽三微
七纖六沙九渺共派銀八千五百六十六兩六
錢六分七釐七毫五絲三忽八微五纖一沙
夏稅每畝派麥三合二勺四抄三撮五圭九粟共
派麥二千七百四十六石八斗

秋糧每畝派米一升七合三勺二抄五撮二圭一
粟六粒共派米一萬四千六百七十六石七斗
三勺四抄五撮
開荒地共一百零二頃九十一畝五分八釐五毫
共徵銀一百六十一兩三分五釐三毫五絲
夏稅起運
保安州宣德等十三倉並趙川葛峪堡倉小麥五百
九十三石七斗七合五勺二抄五撮每石折銀

一兩二戔共銀一百七十二兩四戔四分九釐
三絲脚費銀九兩九錢七分四釐三毫
派剩各馬房倉小麥九百五十二石七斗七升七
勺八抄五撮每石折銀一兩共銀九百五十二
兩七錢七分七毫八絲五忽脚費銀十三兩三
錢三分八釐八毫
光祿寺小麥九十四石本色四分折色六分每石
折銀一兩共銀九十四兩脚費銀一兩三錢一
分六釐

保定府廣盈左右二倉小麥三百八石六斗八升
本色一半改納折色每石折銀八錢折色一半
每石折銀七錢共銀二百三十一兩五錢一分
脚費銀三兩二錢四分一釐二毫
永平府山海庫闊白綿布五千九百五十四疋二
丈七尺二寸九分准小麥七千一百四十五石
八斗二升五合九勺四抄每疋折銀三錢共銀
一千七百八十六兩四錢五分六釐五毫八絲
五忽脚費銀十四兩二錢九分一釐七毫

德州倉小麥本色無麥納米七百五石一升五合
七勺五抄耗米七十石五斗一合五勺七抄五
撮編蓆草銀十兩五錢七分五釐二毫四絲脚
費銀九十七兩四錢八分九釐六毫

存留

本府儒學倉小麥二百五十四石每石折銀七錢
共銀一百七十七兩八錢

本縣儒學倉小麥一百二十八石每石折銀七錢
共銀八十九兩六錢

本府廣儲倉小麥三千四百九十一石二斗一升
三合八勺六抄四撮內除本色麥二千五百石
止折色麥九百九十一石二斗一升三合八勺
六抄四撮每石折銀七錢共銀六百九十三兩
八錢四分九釐七毫五忽蓆草脚費銀六十四
兩

秋糧起運

兊軍儹運折色米四千四百二十石每石折銀八
錢共銀三千五百三十六兩盤剝脚價銀三十

七兩二錢七分三釐
兌軍儧運本色米四千五百石耗米一千二百六
十石原編輕齎銀三百六十兩蓆草銀四十二
兩七錢五分脚價銀六百五十三兩八分一釐
六毫四絲使費銀六十兩一錢八分四釐共編
銀一千一百一十六兩一分五釐八毫四絲
德州倉改兌本色米三千石耗米五百一十石原
編蓆草銀二十八兩五錢脚價銀三百九十七
兩九錢六分八釐三毫四絲使費銀四十七兩
六錢三分八釐七毫共銀四百七十四兩一錢

七釐一毫七絲
運軍行糧作爲改兌本色米二百五十六石四斗
一升編脚價銀三十四兩五錢
供用庫芝蔴五百一石八斗八升每石折銀二兩
八錢三分共銀一千四百二十兩三錢二分四
毫脚費銀十九兩八錢六分四釐六毫
洗馬林堡倉并新河口堡倉黑豆三千三百四石
七斗一升五合每石折銀一兩二錢共銀三十

九百六十五兩六錢五分八釐脚費銀五十五
兩五錢一分九釐三毫
光祿寺細粟米一千四百六十六石七升一合六
勺六抄六撮六圭六粟七粒每石折銀一兩共
銀一千四百六十六兩七分一釐六毫六絲六
忽六微七纖脚費銀二十兩五錢二分五釐
派剩米三十三石三斗三升三合三勺三抄三撮
三圭三粒每石折銀七錢共銀二十三兩三錢
三分三釐三毫三絲三忽三微三纖脚費銀三

錢二分六釐七毫
御馬倉黑豆三百石每石折銀七錢五分共銀二百
二十五兩脚費銀三兩一錢五分
御馬倉菉豆二百石每石折銀二兩二錢共銀二百
四十兩脚費銀三兩三錢六分
萬全都司宣府等二十一衛所官旗折俸布一千
八百五十疋准米一千八百五十石每石折銀
三錢共銀五百五十五兩脚費銀七兩七錢七
分

義和倉黑豆三百四十四石六斗九升八勺七抄
九圭九粟六粒每石折銀八錢共銀二百七十
五兩七錢五分二釐六毫九絲六忽八微脚費
銀三兩八錢六分六釐
湖渠馬房倉黑豆七十九石八斗二升七合九勺
三抄六撮八圭四粒每石折銀八錢共銀六十
三兩八錢六分二釐三毫四絲九忽四微脚價
銀八錢九分四釐一毫
壩上倉黑豆四石五斗六升一合一勺六抄二撮

二圭每石折銀八錢共銀三兩六錢四分八釐
九毫五絲三忽七微六纖脚費銀五分一釐一
毫
壩上北倉黑豆五百七十石九斗二升每石折銀
八錢共銀四百五十六兩七錢三分六釐脚費
銀六兩三錢九分四釐三毫
花絨
京庫地畝綿花絨原編八十五斤四兩八錢四分
耗花十斤十兩共花九十五斤十四兩八錢四

分每斤折銀七錢共銀六兩七錢一分四釐九
毫二絲五忽運價門單銀一兩七錢九分二釐
五絲脚費鋪墊銀一兩五錢三釐三毫
絲綿折絹三百八十疋一丈六尺一分一釐四毫
每疋折銀七錢共銀二百六十六兩三錢五分
一釐脚費銀三兩七錢二分八釐
農桑折絹一百八十四疋二丈二寸五分每疋折
銀七錢共銀一百二十九兩二錢四分
德州常盈庫綿花絨六千二百四十斤准米六百

二十四石每斤折銀六分共銀三百七十四兩
四錢脚費銀五兩二錢四分一釐六毫

存留

本府儒學倉米四百八十石每石折銀七錢共銀
三百三十六兩
本縣儒學倉米二百四十石每石折銀七錢共銀
一百六十八兩
本府廣豐倉本色稻米四百五十一石每石折銀
一兩五錢共銀六百七十六兩五錢

德府郡王將軍祿米共一千五百七十七石五斗八升三合二抄內本色米一千四百八十二石五斗八升三合二抄折色米八十五石每石折銀六錢共銀五十一兩

德府廣受倉本色祿米三百石薦草銀四兩五錢

本府廣豐倉米二千四百五十五石內本色米九百二十八石折色米一千五百二十七石每石折銀七錢共銀一千六十八兩九錢

本府廣儲倉米四千一百七十八石一斗六升六合六勺內本色米一千五百七十二石折色米二千六百六石一斗六升五合六勺每石折銀七錢共銀一千八百二十四兩三錢一分五釐九毫二倉薦草銀共二十七兩五錢使費銀二十六兩四錢九分九釐

馬草起運

宣府在城草場草四千五百三十束每束折銀七分每輛外加脚價二錢共銀三百八十兩五錢二分脚費銀五兩三錢二分七釐三毫

太倉銀庫草四萬七千二百六十束八斤八兩每束
折銀三分五釐共銀一千六百五十二兩二錢
二分九釐八毫三絲脚費銀二十三兩一錢三
分一釐三毫
居庸關草四百六十六束六斤八兩每束折銀五
分共銀二十三兩三錢二分一釐六毫脚費銀
三錢二分六釐五毫
驛站
本府供廪銀一百兩

本府編剩銀一百二十六兩
譚城驛支銷銀六十一兩
譚城驛馬銀四十二兩七錢三分
糧簽銀三百兩
龍山驛支銷銀二百三十一兩
龍山驛馬三十六匹每匹原舊銀三十兩崇禎五
年每匹加銀二十三兩五錢七分一釐五毫共
銀一千九百二十八兩五錢五分
車夫五十名每名銀十兩共銀五百兩

抄牌人役工食銀六兩

幇夫銀一百兩

兵餉

本省兵餉銀一千一百二十九兩七釐七毫

鋒奇兵餉銀一千一百六十九兩三錢五分四釐

福租

歲解銀一百一十七兩一錢二分路費三兩五錢

一分三釐

戶口

原額人丁七萬二千七百二十二丁內優免生員供丁二千一百六丁實在當差七萬六百一十六丁每丁編銀一錢四分崇禎七年每丁加派銀七釐三毫共銀一萬四百零一兩七錢五分三釐

均徭

均徭此洪武初制里甲之法毎里花戶編爲九則審編時縣官不能沿門履戶惟一一聽其口報於是有貴富差貧之弊百姓苦之此均徭之所爲不

善也

銀差

戸部黄蠟銀三十兩

木柴銀三十四兩二錢脚費銀四錢七分八釐八

毫

胖襖二百二十副每副外加脚費銀一錢五分共

銀三十三兩

軍器濟南衛料價銀一百七十八兩九錢一分五

釐

柴夫二百五十五名共銀七百九十兩五錢脚費

銀十一兩六分七釐

加解薊鎮民兵銀四百八十兩

有馬快手分巡濟南道團操十八名每名工食草

料銀十八兩該銀三百二十四兩

步隊民壯分巡濟南道團操一百八名共工食銀

一千一百六十六兩四錢

步快本府正堂打採四名工食共銀四十八兩

門子　撫院六名布政司十六名按察司十三名

本府十三名長史司并朝房四名共該銀四百
五十兩六錢
皂隸　撫院二十二名按院二名布政司五名按
察司八名印馬院一名本府一名長史司二名
共該銀四百六十兩八錢
庫子　布政司三十名按察司八名本府二名本
縣三名共該銀五百一十六兩
禁子　布政司十一名按察司八名共該銀二百
二十八兩

祭祀文廟啓聖祠名宦鄉賢祠舜廟閔子祠張文
忠公祠厲壇虮蜡廟歷城高唐二王利津王安
陵王七忠等祠永年王共銀一百九十九兩八
錢六分九釐
鄉飲銀十四兩
歲貢銀十八兩
歷科舉人車價銀二十八兩
進士舉人牌坊武舉盤費長夫銀六十九兩
齋廊　德府八名共銀四十兩

民較　寧海王四名泰安王二名清平王六名寧
陽王三名共銀一百八十兩
民廚　臨朐王二名共銀二十兩
柴薪皂隷知縣四名縣丞主簿三員各二名典史
一名共銀一百三十二兩
馬夫　運司一名知縣縣丞主簿典史五員各一
名共銀二百四十兩
齋夫　教諭訓導三員各二名共銀七十二兩
膳夫四名共銀四十兩

預備　塩院按臨并各道各府正佐官員進省油
燭柴炭公用銀二百九十兩
雇覔廚子專備　撫院二名在省各道每道一名
及遇巡塩等院奉差官員到省每名每日給銀
一分共銀六十四兩
預備上司入省雇覔門子工食銀七十二兩
預備各上司衙門聽事農民工食銀四百一十二
兩五錢六分
預備各上司衙門抄案書手工食銀二百二十兩

民壯　寧海王四名泰安王二名清平王六名寧
陽王三名共銀一百八十兩
民厨　臨朐王二名共銀二十兩
米麥皂隸　知縣四名縣丞主簿三員各二名典史
一名共銀一百三十二兩
馬夫　運司一名知縣縣丞主簿典史五員各一
名共銀二百四十兩
齋夫　教諭訓導三員各二名共銀七十二兩
膳夫四名共銀四十兩

預備　監院按臨并各道各府正佐官員進省油
燭柴炭公用銀二百九十兩
篷廠厨子轎傘　撫院二名在省各道每道一名
文選巡按監察院奉差官員到省每名每日給銀
一分共銀六十四兩
預備土司八府篷廠門子工食銀七十二兩
預備各土司衙門聽事裹戶工食銀四百一十二
兩五錢六分
預備各土司衙門撥米書手工食銀二百二十兩

各院門厨衣鞋銀十五兩
各院修理家火銀三兩
荅應各衙門取用筭手銀三兩六錢
修理府學歲泒銀三兩三錢
櫃書工食銀二百四十兩
牧麥米里長工食銀一百八十二兩

力差

守城民壯一百四十名共銀一千一百四兩
有馬快手本縣四名銀八十兩

門子　知縣二名縣丞主簿典史四員各一名本
府儒學教諭訓導五員各一名本縣儒學教諭
訓導三員各一名府縣兩學文廟各十名兩學
啓聖祠敬一亭各一名兩學名宦鄉賢祠各一
名較試公署一名共銀一百一十三兩四錢
皂隷　知縣十六名縣丞主簿三員各六名典史
四名共銀二百三十七兩六錢
庫子　本府儒學二名本縣儒學一名該銀十八
兩

禁子本縣十二名共銀一百六十八兩

看本縣預備倉夫三名共銀三十六兩

預備倉撥剩銀十五兩奉文支給本府步快買馬

銀五兩四錢剩銀九兩六錢以俟備用

弓兵堰頭鎮巡簡司二十名共銀一百二十九兩

六錢

巡欄本府稅課司六名該銀十二兩

司兵總鋪城西五里鋪匡山段店城東七里鋪八

澗鋪王舍店韓倉郭店十里鋪龍山平陵城東

北九里山堰頭鎮張侍渡口萇庄共一十六鋪

鋪司十六名兵七十六名共銀七百八十三兩

六錢

燒夫 兩院十名銀四十兩

燈夫一百一十二名共銀四百四十八兩

看更夫即轎夫八名銀九十六兩

雇募燈夫銀八十兩

脚夫雒口批驗所四名銀二十四兩

看舜廟老人一名銀三兩六錢

抵充本省兵餉銀五十四兩四錢
本府首領馬匹草料銀十二兩
門夫二名銀七兩二錢

條鞭

雜差皆出地畝且有息肩之期人人稱善今條鞭之銀已徵入官而徵收之役復簽人戶且因事多差頻而不循十年一輪之例民復重之困矣劉子云條鞭之法有十利通輕重苦樂於一里十甲之中則丁糧均而徭戶不苦難一也法當優免者不得割他地以私蔭二也錢輸於官而需索不行三

也又折閱不賠累四也合銀力二差並公私諸費則一人無叢役五也去正副二戶則貧富平六也且承稟有制而侵漁無所穴七也官給銀于募人而募人不得反覆抑勒八也富者無弛擔而貧者無加額九也銀有定例則冊籍清而詭寄無所容十也條鞭之利長民者守之

夫馬

走遞青夫五十名銀四百兩

走遞白夫一百名銀一千二百兩
公差青夫　兩院八名布政司一名糧道二名守
道二名經歷理問照磨都事四員各一名提學
道二名驛傳道二名巡道二名經歷知事照磨
三員各一名本府二名刑廳二名本縣聽差十
名管盒擔鎗盒盤子三名管磁器一名管毡一
名搭棚一名看貢院二名本縣貼監十名打更
五名二門外走更六名催燈夫門子二名共銀
五百一兩

各項備募銀一千六百兩
走遞馬九十八匹工料銀共二千一百五十六兩
塩鈔起運
京庫塩鈔銀二百一兩九錢六釐加帶閏月銀六
兩七錢二分六釐二毫脚費銀二兩八錢二分
六釐六毫三絲六忽
存留
司庫塩鈔銀二百九十五兩六錢四分八釐八絲
遼餉

遼餉銀四千五百七十四兩八錢八分四釐九毫

三絲七忽

稅銀

集塲八十餘處販夫販婦莫不有稅登隴罔利名

爲市虎見什取一不啻攘雞始猾役儈與負販爭

今則衣冠與役儈爭競刀錐而牟子毋此市價之

所以騰踊也此不免爲戴勝之之誚

論曰世之與民最親者無過長吏能潔己以惠民

則無法不可今均徭變爲條鞭條鞭變爲雇覔雇

覔變爲官吏不知經幾更變大都始未嘗不善久

之弊生非其法之罪也今民窮至極

聖天子極意嘉惠願得一良有司不言法可也

學較

邑人劉勅撰

國家以六經治世學較之設以崇聖而育材也其作人之功埒於亭毒晚近遷蘆其地騈𢬵其官聖像立於風雨博士宿於霜露雖陳牲列帛秖循例脩故事耳講席久虛倫理不著世不得收士之用良有以也緇衣黃冠猶珠宮梵宇之爲蔬蔬誰司文鐸而顧於此沓沓哉

廟制

魏太和五年始立廟於學宮

唐高祖立周孔廟於國子監貞觀二年房玄齡建議乃罷周公專享孔子四年乃詔州縣學皆立孔子廟

宋熙寧間郡守李恭始建府學於大明湖南如魯泮宮

金貞祐間板蕩城空二十餘年

元至元間復樹學較置贍田至正六年庚辰秋八月山東憲漕告朔於廟憲副珊行忽里哈赤知事李彥敬乃議脩垣廣千二百五十二尺高一丈六尺

廣四尺以石築基以汚白堊覆之以甃宮牆始爲
改觀有元張起巖記
國朝洪武二年知府崔亮重建天順五年知府陳銓
脩成化十九年癸卯知府蔡晟建鄉賢祠增兩廡
像龕樂器設二大屏於戟門外又建二坊於門之
東西一曰鍾英一曰毓秀丁酉巡按梁公以太保
尹冢宰命復增大成殿廣兩廡建戟門櫺星門饌
堂明倫堂庖厨庫房師生廨舍百有五十以及堂
後環碧亭崇制閣其東爲射圃黼座章服無不一
新正德七年知府章寓之建講堂嘉靖十年建敬
一亭有

御製敬一亭箴及註視聽言動心五箴勒石有夏寅
記萬曆庚子年知府沈蒸脩引芙蓉泉水入外泮
池名其水道曰梯雲溪櫺星門外左建一圓亭名
曰中規右建一方亭名曰中矩天啓七年知府樊
時英脩引明湖水入巽方爲一池蓄以金鱗種以
桃椰建一亭於上名曰飛躍亭大爲美觀且引水
西入內泮池由西廡後遶尊經閣而東名曰玉帶

河是歲秋諸生中者五後諸生德樊公改射圃爲
碑亭崇禎七年又圯廢郡守顧燕詒脩

聖號

周魯哀公十六年誄爲尼父
漢議孔子爲先聖
唐貞觀二年尊孔子爲宣聖乾封元贈太師天授中
封隆道公開元二十七年謚文宣王
宋乾德初加戟十六枚詔命殿曰大成爲龕像祥符
初加謚玄聖文宣王尋改至聖文宣王

元至大元年加謚大成至聖文宣王
國朝洪武至正德仍用其謚嘉靖中從輔張璁議改
王爲師

聖像

國朝成化十九年知府蔡晟塑聖賢龕像嘉靖中從
輔臣張璁議撤塑像立木主諸生抱像而泣乃止
萬曆七年從輔臣張居正議撤其像提學周之屏
用紙障之未撤

祭期

國朝洪武初命春秋二仲月上丁日祭之是日子時
先祭啓聖祠後孔子取子不先父食之義

祭器

登一鉶二實太羹和羹簠簋各二實黍稷稻粱籩
十實形鹽藁魚棗栗榛菱芡鹿脯白餅黒餅豆十
實韭菹菁菹芹菹笋菹醓醢鹿醢兎醢魚醢脾析
豚胉成化中增籩豆各二實糗餌粉餈酏食

樂器

鐘一堵磬一堵琴六瑟二鳳簫塤篪搏拊如其瑟
數簫籩如其琴數鼓一柷一敔一

樂章

迎神歌咸和之曲初獻歌寧和之曲亞獻歌安和
之曲終獻歌景和之曲徹饌歌咸和之曲送神亦
歌咸和之曲

樂舞

樂生三十九人歌生六人麾生一人凡四十五人
俱堂上之樂其敘則麾生一人立神位左西向次
左柷右敔次左右搏拊各東西對立次左右舞生

以次而南亦東西對立次琹六人左者以次而東右者以次而西俱北向立次左右瑟各一次左右笙簫各六笙在內簫在外次左右篪塤鳳簫及篴亦以次而東西北向立於笙簫之後次左鐘右磬又次楹鼓居其左焉

師生

初制掌教一分訓四其齋名一曰志道一曰據德一曰依仁一曰游藝廩生四十名增廣八十名附學倍之近有省官之令裁其一子衿由旁門而進者則倍之又倍嗚呼裁一分訓者祿幾何頊失國家制官之意青衿冐濫固不知所以裁之學宮爲之不重矣

射禮

國初設圃於學示以習射之法先期定耦樹鵠臨射各以齒讓齒上者爲上射齒下者爲下射凡射以二人爲耦耦各四矢中的者飲三爵中采者飲二爵負者皆下取觶立飲射畢各揖讓而退此古禮也今亡矣夫

鄉飲

古者賓席牖前南面主人席阼階上西面介席西階上東面僎席東北西面今賓主介僎隅坐相向失之遠矣古有瑟有笙有勺有篚有司禁有玄酒今惟有觶有鐘鼓古樂以工今以諸生古歌南陔魚麗周南召南等章今惟歌鹿鳴四牡皇皇者華多賓客之詩古有揚觶無讀律今制取周官讀法之義所以補揚觶之不足也

歷城縣學

學宮原在府治之北縣治之東隘巷頹然數楹不辟風雨成化戊戌郡學既新知縣賈宣謀新此學縣治東北有空閑公館一所寬廣爽塏宜易之巡撫許公乃請於

朝而遷焉後市學前民居闢而廣之前爲學門儀門中爲宣聖殿後爲明倫堂東西建兩齋房一曰廣大一曰高明又搆鄉賢名宦二祠射圃列學官居及倉庫庖湢之所又爲號舍以居諸生大約如郡庠有提學畢瑜碑記萬曆甲午知縣張鶴鳴重脩

庚子知縣陳采建奎樓于巽方庚申知縣吳阿衡
改敬一亭爲尊經閣軒敞可觀掌教一分訓二今
裁其一殊非
祖宗設官之制士子亦倍於昔祭儀同縣官主之無
樂祭品視府庠亦減
論曰學宮猶之陶冶也南金雖良不陶鎔于斯亦
躍冶不祥者耳歷材藪也不模而成者固多但學
宮圮廢而學政亦爲之不脩倫理不明而士習亦
爲之盡壞所繇上不重道耳豈木鐸之不靈哉誰

作之師而可視爲末務